L'amour et ' :

Deux sentin.

CW00460538

Amy Softpaws

Dépôt légal Septembre 2021

Amy Softpaws

L'amour et le manque :

Deux sentiments étroitement liés

Couverture : Mathieu Tardy

Photo de la couverture : © Freepik

© 2021 Amy Softpaws

Tous droits réservés.

L'Amour

Il n'y a que dans tes bras où je me sens bien, je me sens en
sécurité, protégée de tout et de tout le monde.

Je me sens si bien quand je suis avec lui,
il sait me faire oublier mes petits soucis.
Il me rend calme, sereine, et lorsqu'il m'étreint,
je me sens libérée, je ne pense plus à rien.
Je ne pense plus qu'à profiter de l'homme de ma vie.
À profiter de ces moments durant lesquels je revis.

Passer du temps avec la personne qu'on aime est un cadeau très
précieux. Il faut en profiter un maximum avant la fin du temps
qui nous est imparti.

Promets-moi que tu vivras en ne tenant que moi dans tes bras.

———————

Tu es le soleil de mes jours,

et le gardien de mes nuits.

Tu es celui à qui je donnerais ma vie.

Mon premier et unique amour.

Tu es la raison de mes sourires,

le seul que je désire.

Tes câlins, tes caresses et tes baisers,

je ne m'en rassasie pas.

Beau, gentil, intelligent, attentionné... Tu es l'homme parfait !

J'aime tout de toi, je ne peux imaginer mon avenir sans toi.

———————

Tu n'es pas à la hauteur de ce que je recherchais, non, tu es
bien au-dessus.

———————

Il a cette façon de me regarder qui me donne l'impression
d'être la plus belle femme du monde.

———————

Tu me fais me sentir belle, à la façon dont tu me regardes.

Je prends de plus en plus confiance en moi, en mon charme.

Je me dis que finalement, je ne suis peut-être pas si moche que ça.

Et même si j'ai conscience de ne pas être une « tombeuse », je sais que je peux plaire.

Merci de me rendre belle, merci de me donner confiance en moi.

Merci de m'aimer tout simplement.

––––––––––

Les plus belles étoiles sont celles qu'une femme a dans les yeux quand elle regarde l'homme qu'elle aime.

––––––––––

Chaque fois que ma peau touche la sienne, j'ai cette agréable sensation qu'il n'appartient qu'à moi et que je n'appartiens qu'à lui.

––––––––––

Lorsque je t'aperçois, tout ce qui me tracassait s'envole, mes larmes disparaissent et ne laissent apparaitre qu'un sourire sur mes lèvres.

Il n'y a pas de plus belle déclaration et preuve d'amour qu'une
demande en mariage.

———————

Je rêve de ce jour où
tu te mettras à genoux,
en me prenant la main,
et me disant que ton cœur m'appartient.
Me demandant si j'accepte de t'offrir le mien
et d'abandonner mon nom de famille pour prendre le tien.

———————

Chaque mot d'amour dit par les personnes que l'on aime doit
être gardé comme un trésor dans notre cœur.

———————

Le jour où on aura un enfant, j'aimerais que ce soit une fille,
avec les cheveux de sa maman et les yeux de son papa. Une
petite rousse aux yeux bleus, elle sera unique, car elle sera la
meilleure partie de toi et la meilleure partie de moi... Elle sera
la meilleure partie de nous, fait avec un amour sans limites.

———————

Je ne pensais pas pouvoir aimer plus que je ne t'aime et pourtant, mon amour pour toi grandit de jour en jour...

———————

Le voir sourire,

l'entendre rire,

le regarder dormir,

la chaleur de ses bras,

la douceur de sa voix,

le sentir respirer,

l'écouter chanter,

chahuter, rigoler,

jouer à des jeux vidéo ensemble...

Toutes ces choses si bénignes, mais qui, quand on est amoureux,

font battre notre cœur plus fort et nous rendent heureux.

———————

Ce qui compte le plus en amour, ce n'est pas le nombre d'années passées ensemble ni même les obstacles surmontés, mais la pureté des sentiments éprouvés.

———————

J'aimerais que tu me dises que tu m'aimeras toute ta vie.

J'aimerais que tu me promettes que rien ni personne ne pourra nous séparer.

J'aimerais que la seule fille qui comptera pour toi, à part moi, soit celle qui t'appellera papa.

J'aimerais que tu fasses tout cela, sans que je te le demande.

J'aimerais que tout ceci soit une évidence...

Rien ne dure, sauf l'amour que je te porte, qui lui durera éternellement.

Un homme vraiment amoureux, assume son amour devant n'importe qui.

Il n'hésite pas à déclarer sa flamme, que ce soit devant ses parents ou devant ses amis.

Il n'irait peut-être pas le crier sur tous les toits,

Mais s'il est réellement amoureux, il ne s'en cache pas.

Je n'ai pas eu la chance d'être la première dans ton cœur, mais j'espère être la dernière.

———————

J'aurais voulu que tu m'aimes comme tu l'as aimé.

J'aurais aimé qu'elle sorte de tes pensées.

J'aimerais être la seule que tu désires.

J'aimerais être la raison de tes sourires.

Si tu me permets de rester à tes côtés,

je te promets de tout faire pour te combler.

Oublie-la et aime-moi,

je veux être la seule qui compte pour toi.

———————

La chaleur de ta peau suffit à me réconforter lorsque je me sens

triste.

———————

Je crois que c'est le seul homme avec qui j'ai une complicité,

une entente aussi grande. On se complète. Il me fait rire

comme jamais personne ne m'a fait rire. C'est lui... Celui avec

qui je veux partager ma vie et fonder un jour une famille.

Si ce n'est pas lui, ça ne peut être personne d'autre.

———————

Avoir un enfant est une consécration d'un amour sincère.

Vivre un amour vraiment fort a le don de vous faire oublier tous vos petits soucis.

L'amour... Vous savez c'est ce qui fait battre votre cœur si fort... C'est ce sentiment qui peut vous « sauver »...

C'est ce sentiment qui peut faire tellement mal que vous préféreriez vous arracher le cœur.

C'est aussi ce qui fait que vous commencez à devenir vraiment possessif, jaloux, paranoïaque...

C'est ce sentiment qui vous fait vous sentir bien dans votre peau, qui vous fait prendre confiance en vous.

C'est ce sentiment qui vous rend heureux quand vous êtes en la présence de votre cher et tendre.

Mais c'est aussi ce sentiment qui vous en fait ressentir plein d'autres tels que le manque de l'autre quand on ne peut pas le voir pendant quelques jours, un sentiment horrible...

Quand on aime vraiment, on veut juste faire sa vie avec la personne que l'on aime sans avoir à se soucier du fait qu'il existe partout des filles et des garçons prêt(e)s à tout pour avoir l'homme ou la femme qu'il/elle désire ou tout simplement pour briser un couple et leur bonheur !

———————

Promets-moi un amour infini, promets-moi que tu m'aimeras
toute ta vie.

———————

La personne idéale existe pour chacun de nous, il faut juste
avoir la chance de la rencontrer.

———————

Je pense que tu es « la bonne personne » alors, je ferai tout
pour te garder,
peu importe les obstacles, du moment que tu es à mes côtés,
rien ne m'effraie, je me sens capable de tout surmonter.
Et les jaloux qui essayeront de nous briser n'arriveront qu'à
renforcer cet amour qui nous unit.
Car je suis sûre et certaine que tu es, et resteras, l'unique amour
de ma vie.

———————

Si tu disparaissais, je ne survivrais pas, un monde sans toi
perdrait son sens, ton existence m'est indispensable.

———————

T'aimer et être aimée de toi est la plus belle chose qui me soit arrivée. Même l'éternité me parait trop courte pour vivre notre amour.

Quand tu glisses ta main dans la mienne, c'est comme si, d'un seul coup, tout devenait lumineux. En me prenant la main, tu éclaires mon chemin.

Pour moi l'amour est la base du bonheur. Que ce soit l'amour de nos parents quand on est petit, l'amour de ses proches, amis et famille, quand on grandit puis enfin le véritable amour, celui qui fait battre notre cœur si fort. Celui qu'on partage avec une personne qui est présente lorsqu'on en a besoin, qui nous donne tellement d'amour que ça nous permet de tout surmonter. Cette personne qui nous permet d'avancer, malgré les obstacles. Cette personne qui fait qu'on a envie de se lever jour après jour, pour qui on donnerait tout.

Même s'il fait froid dehors, grâce à toi il fait chaud dans mon cœur.

———————

Souvent les gens ne s'imaginent pas à quel point on peut les aimer que ce soit en amour ou en amitié, ils sous-estiment toujours l'importance qu'ils ont dans notre vie.

———————

Mon amour, que cette année soit encore une année pleine de baisers, d'étreintes, de caresses, de sensualité, de tendresse, etc. Qu'elle ne dissipe pas notre amour, mais qu'elle le rende encore plus fort qu'il ne l'est déjà.

———————

Certains doivent nous envier, car ce n'est pas donné à tout le monde de vivre un amour comme le nôtre.

———————

L'amour n'est pas un sentiment simple, que ce soit à ressentir ou à expliquer. Et il n'y a qu'en ayant connu un amour fort et sans limites que l'on peut comprendre qu'il n'est pas possible d'expliquer ce qu'aimer et être aimé en retour procure comme sensation.

———————

Depuis qu'on est ensemble beaucoup de choses ont changé,

on a vécu des moments qu'on ne revivra jamais,

Mais on vivra certainement des moments qu'on n'a pas encore

vécus.

On connaîtra peut-être des sensations inconnues.

En fait, on ne sait pas de quoi demain sera fait,

Tout ce qui est sûr c'est que tant que tu resteras à mes côtés,

Je t'aimerais, et ce pendant encore plusieurs années.

Je rêve d'un avenir avec toi. Peux-tu me promettre que ce ne

sera pas qu'un simple rêve ?

Il est le seul à partir dans les mêmes délires que moi.

Il est le seul à pouvoir me consoler même quand je pense

n'importe quoi.

Il est le seul à me faire autant rigoler.

Il est le seul à qui je donnerais tout ce que j'ai.

Il est le seul à pouvoir me faire penser à autre chose quand je

suis déprimée…

Et je pourrais continuer des heures à énumérer ainsi ce qui fait

que je l'aime et qu'il est l'homme parfait.

L'amour c'est essayer de comprendre la souffrance de l'autre,
essayer de se mettre à sa place pour réussir à tourner la page
ensemble et continuer à s'aimer sans rancœur des deux côtés…

Quand on est amoureux, on voit des « signes » partout, on voit
des cœurs dans tout ce que l'on regarde, on voit souvent des
choses qui nous font penser à l'être aimé…

Je sais très bien que j'ai de la chance de t'avoir près de moi.
Je suis consciente que je ne te mérite clairement pas.
Même si l'on dit que personne n'est parfait, pour moi tu l'es.
Je ferai tout mon possible pour te garder.
Même si tous mes défauts pourraient te faire fuir.
J'essayerai de tout faire pour les « masquer » et être la raison
de tes sourires.
Car je t'aime et je ne veux que toi à mes côtés.
Et même si certains trouveront ça naïf, j'espère qu'on s'aimera
pour l'éternité.

Mon bonheur serait inexistant si tu n'étais pas à mes côtés...

———————

Voir s'endormir la personne que l'on aime avec un sourire au coin des lèvres, procure une sensation tellement agréable qu'il est impossible de la définir...

———————

L'amour ne se définit pas, ça se ressent, ça se vit.
C'est une évidence.

———————

Il n'existe pas d'expressions assez bien ni de mots assez puissants dans toutes les langues existantes pour pouvoir te décrire ce que je ressens pour toi. Pour décrire une partie des sentiments qui me submergent ne serait-ce qu'en entendant ta voix.
Mon cœur bat à tout rompre lorsque, après plusieurs jours, tu me serres enfin dans tes bras et que tu me dis tout bas que tu m'aimes.
Je t'aime plus que tout et j'aimerais pouvoir le crier au monde entier, pour te montrer à quel point mes sentiments sont forts...

———————

La présence d'un être aussi formidable que toi à mes côtés dépasse tout ce dont j'ai pu rêver.

Dans le froid de l'hiver, seule la chaleur de tes bras peut me réchauffer.

Si tu me manques autant, c'est parce que je suis vraiment bien quand je suis avec toi.

Si je n'ai jamais envie de te quitter, c'est parce que le temps passe trop vite à tes côtés et du coup j'ai l'impression de ne pas assez profiter de toi.

Si je suis autant pressée de te retrouver, c'est parce que sans toi je ne me sens pas bien, sans toi je ne suis pas tout à fait moi...

Si je suis si bien avec toi, si tu me manques autant, si je me sens si mal quand je suis sans toi, c'est parce que je t'aime (trop)...

Et si je t'aime autant, c'est parce que tu es exceptionnellement formidable.

Aimer peut nous faire du bien, mais également nous faire beaucoup de mal, quand cela ne se passe pas comme « prévu ».

Seuls ceux qui aiment ou qui ont aimé vraiment savent que l'amour est une chose formidable. C'est un cadeau.

Je ne savais pas qu'il était possible d'être amoureuse à ce point. D'être autant dépendante de la présence de quelqu'un à ses côtés, d'avoir autant besoin de ses bisous, de sa tendresse, de ses mots d'amour.
Je ne pensais pas qu'il était possible de vivre pour quelqu'un, de vouloir à tout prix combler cette personne.
J'ignorais que c'était possible que le bonheur d'une personne puisse autant dépendre de celui d'une autre personne. Que l'amour pouvait nous faire sentir tellement vivant.
Mais surtout, je ne croyais pas qu'on pouvait trouver l'amour de sa vie... Et maintenant que je te connais, je suis sûre et certaine que tout ceci est bel et bien possible, car c'est ce que je vis...

Si une fille t'aime assez pour se battre pour votre couple et essayer d'être heureuse malgré les blessures infligées, ne la laisse surtout pas partir, car c'est elle la bonne !

———————

Être assise là, juste à tes côtés.

Regarder le soleil se coucher.

Ne penser à rien d'autre qu'à s'aimer.

Et souhaiter que ce moment dure toute l'éternité.

———————

Tant de douceur et de tranquillité se dégage de l'être aimé quand il est assoupi que même si les anges existent réellement ils ne peuvent en égaler la beauté.

———————

Notre amour est unique en son genre, il est pur et vraiment très fort, et notre complicité est exceptionnelle. C'est tellement rare une si belle histoire que l'on ne peut pas laisser de la jalousie ou des doutes la briser.

———————

Mon rêve le plus beau, je le vis depuis que je suis à tes côtés.

———————

Pour certaines personnes il s'agit peut-être simplement du premier amour ou d'un amour de jeunesse, mais pour d'autres ça pourrait être l'amour de toute une vie.

Certains diront que l'amour est un cadeau empoisonné, qu'il détruit plus qu'il ne rend heureux. Et quelque part, je ne peux qu'être d'accord avec ça... L'amour peut faire mal, aussi bien à cause des autres sentiments qu'il fait naître qu'à cause de sa « puissance » si elle est trop grande... Et parfois on se demande pourquoi souffre-t-on autant d'aimer ?

Pour commencer, le manque de la personne aimée qui nous détruit petit à petit et est, chaque fois, encore plus insupportable. Mais il n'y a pas que ça qui peut faire mal quand on est amoureux, les doutes sont aussi très difficiles à supporter. Douter des sentiments de la personne, douter de ce que l'on nous dit, douter de tout. Les doutes peuvent détruire un couple.

Il y a aussi la jalousie qui est très douloureuse. Elle détruit la personne jalouse qui se fait des films toute seule et finit par briser le couple.

Et pourtant l'amour lorsqu'il est réciproque et « pur » est merveilleux. Aimer et être aimé en retour est la plus belle chose au monde. Et puis ce n'est pas donné à tout le monde de vivre une réelle histoire d'amour... Donc même si parfois c'est compliqué et douloureux, l'amour procure tellement de belles sensations que ce serait une erreur de louper ça.

Lorsque l'on est vraiment amoureux, on n'est pas tenté de voir si l'herbe est plus verte ailleurs…

Je ne peux pas m'empêcher de sourire ne serait-ce qu'en pensant à toi… Quand je te regarde lire, quand je te regarde jouer de la guitare, quand je te regarde bricoler, quand je te regarde dormir, quand je t'entends chanter, quand tu fais des grimaces, quand tu es juste là, à mes côtés et que je te regarde, je « t'admire », je te trouve magnifique, je ne peux m'empêcher d'avoir envie de te câliner et de te faire des bisous.

Ça devrait être interdit d'avoir autant de sentiments pour une seule personne...

Est-ce que c'est ça l'amour ? Regarder la personne que l'on aime et avoir toujours envie de bisous et de câlins. Sans arrêt, avoir envie de lui dire à quel point on l'aime, et à quel point on la trouve magnifique ?

———

Où que je sois je peux te trouver dans mes rêves.

———

Sentir ta peau nue et chaude contre la mienne me donne les meilleurs frissons du monde.

———

Besoin de tes baisers pour me réconforter.
Envie de ta peau contre la mienne pour me réchauffer.
Besoin de tes bras pour me reposer.
Envie de tes mains pour me caresser.
Besoin de toi pour que mon bonheur soit complet.
Besoin de toi tout simplement pour exister.

———

Tes baisers me transportent dans un autre monde où n'existent ni la tristesse ni la douleur.

———

Au réveil, j'aurais voulu arrêter le temps,
rester indéfiniment dans tes bras.
Pour toujours, vivre cet instant.
Passer chaque seconde auprès de toi.

―――――――

Les jaloux qui veulent nous briser on s'en fout, ils ne veulent la fin de notre amour que parce qu'ils savent qu'ils ne pourront jamais avoir la même chose...

―――――――

Mon monde à moi est au creux de ses bras.

―――――――

Serre-moi fort dans tes bras,
dis-moi que je suis à toi.
Embrasse-moi, caresse-moi...
Attends, ne me lâche pas.
Chuchote-moi des mots doux
Embrasse-moi tendrement dans le cou.
Dis-moi que tu as envie de moi.
Sentir ton souffle dans mon cou me met en émoi.
On sent monter le désir,
Frissonnons ensemble de plaisir.

―――――――

Aucune lecture n'est plus douce que celle de mots d'amour écrits par la personne que l'on aime.

—————

Plus je passe de temps en sa compagnie plus je l'aime.

—————

Il n'y a pas de sensation plus agréable que la douceur de ta
peau nue contre la mienne.
Il n'y a rien de plus réconfortant que la chaleur de tes bras.
Il n'y a rien de plus délicieux que le gout de tes baisers.
Il n'y a rien de plus envoûtant que le bleu de tes yeux.

—————

Mon amour, t'entendre rire ça n'a vraiment pas de prix.
Ça donne du baume au cœur, c'est la plus douce des mélodies.

—————

C'est toujours quand on est avec la personne qu'on aime que le
temps passe à une vitesse affolante...
Avec celui qu'on aime, les heures paraissent être des secondes,
à peine retrouvé déjà il est l'heure de se coucher, à peine
réveillé déjà l'heure est venue de se quitter.
Et c'est là, quand on a passé des moments parfaits, que la
douleur de se séparer est la plus grande.

—————

Un sourire de l'être aimé peut ensoleiller une journée.

Telle une ancre qui maintient un bateau à quai, tu me maintiens sur les rives de la vie et m'empêches de dériver.

Je me sens mal rien qu'à l'idée de le quitter ce soir.

Je n'ai pas envie d'attendre plusieurs jours pour le revoir.

Je n'ai pas envie de dormir sans lui durant quelques jours.

J'ai envie de rester dans ses bras, de me réveiller avec ses mots d'amour.

Il y a des tas d'étoiles dans le ciel, mais tu es la seule étoile qui brille à mes yeux.

Le bonheur a une couleur : la couleur de ses yeux.

L'amour a une sensation : la douceur de sa peau.

Le paradis a un prénom : le sien.

Parce qu'un simple sourire de lui éclaire mes journées et que sa présence apaise mes nuits,
parce que ses câlins ont le don de calmer tous les maux,
parce que ses caresses peuvent se faire douces et apaisantes, mais aussi sensuelles et enivrantes.
Parce que la douceur de sa voix est inégalable.
Parce que je pourrais me noyer dans ses yeux.
Parce que j'aime quand il me fait des chatouilles et qu'après il me dit : « Tu es vraiment magnifique quand tu rigoles mon ange ».
Parce que c'est simplement lui... Et que je lui donnerais ma vie.

———————

Vivre un grand amour peut effacer certaines de nos peurs, mais ça en créer souvent d'autres, comme la peur de perdre l'être aimé.

———————

Les bisous dans le cou donnent les meilleurs frissons du monde.

———————

Les mots et les bras de l'être aimé sont les meilleurs remèdes contre les maux.

Il n'y a vraiment rien qui peut égaler ou dépasser la sensation d'aimer et d'être aimé en retour. Même si la peur de perdre l'être aimé est constante, et que le manque de l'autre provoque une douleur assez forte. En contrepartie il y a les étreintes sensuelles, les caresses charnelles, les baisers passionnés... Toutes ces petites choses, peut-être banales pour certains, peuvent être à elles seules une sorte de preuve d'amour. Tout cela a le pouvoir de transporter ceux qui s'aiment dans un monde où rien ne peut les atteindre, leur monde à eux.

———————

Du moment que je suis dans tes bras, je ne peux être que bien, peu importe l'endroit.

———————

Être là, tout contre toi,
écouter les battements de ton cœur.
Ne plus penser à nos doutes ou à nos peurs.
Et vivre simplement cet instant empli de joie.

———————

Aimer et être aimé par la bonne personne peut vous faire changer d'avis sur l'amour.

––––––––––––

L'amour rend fort parce qu'on a le courage de surmonter des épreuves que l'on n'aurait pas forcément réussi à surmonter sans la personne que l'on aime pour nous soutenir.
L'amour rend faible, car quand on est réellement amoureux on peut vite être dépendant de l'autre, se laisser « dépérir » quand il est absent... Quand on est réellement amoureux, l'être aimé devient notre richesse, mais également notre faiblesse.
L'amour rend fort et faible à la fois.

––––––––––––

Toutes les excuses sont bonnes pour passer le plus de temps possible auprès de la personne qu'on aime.

––––––––––––

Certaines personnes souhaitent avoir l'exclusivité quand elles sont en couple. Elles veulent être la seule personne aimée, la seule personne désirée.

––––––––––––

Je ne regarde pas les autres hommes et de toute façon ils ne m'intéressent pas, car je n'ai, jusqu'à présent, pas vu mieux que toi, personne n'est aussi beau, intelligent, gentil, calme, attentionné, doux, câlin… Je n'ai jamais vu quelqu'un correspondre autant à l'idée de l'homme parfait que je me fais.

———————

Aucun endroit n'est plus confortable pour dormir que les bras de la personne qu'on aime.

———————

Quand on aime vraiment une personne, on ne juge pas son passé, on l'accepte et on l'aide à avancer en laissant son passé derrière. Pour qu'elle apprenne à faire à nouveau confiance, à sourire et à aimer à nouveau. Pour qu'elle revive tout simplement.

———————

Peu importe les soi-disant prédictions, je n'y crois pas !
La fin de mon monde à moi sera le jour où tu me laisseras.

———————

Le sexe est un laps de temps durant lequel on oublie les soucis de la vie quotidienne.

J'aurais aimé être la seule qu'il regarde, la seule qu'il désire. Celle avec laquelle il voudrait finir sa vie, sans laquelle il ne pourrait vivre. La femme à laquelle il pense sans arrêt et qu'aucune excuse ne peut empêcher de voir. Celle à qui il envoie des messages pleins de mots d'amour dit peut-être maladroitement, mais sincèrement. Celle qui le fait être dans tous ses états, pour laquelle il s'inquiète, qui lui manque, qui l'énerve, mais qu'il aime plus que tout et surtout celle qu'il a horriblement peur de perdre.

———————

Le paradis, c'est se réveiller aux côtés de la personne qu'on aime.

———————

Promets-moi, s'il te plait
que tu ne cesseras jamais de m'aimer,
que tu resteras à mes côtés,
et ce pour l'éternité...

———————

Si je le perds, je perds tout et je me perds également…
Il est ce qu'il m'est arrivé de mieux.

———————

Je t'aime comme ce n'est pas permis,
Bien plus que ma propre vie.
Je t'aime à l'infini.

———————

Il n'y a rien de plus agréable que de s'endormir dans les bras
de l'être aimé.
Il n'y a pas de meilleur réveil que d'être réveillé par des câlins,
des caresses, des mots doux et des baisers.

———————

Quand on est amoureux, il n'y a personne que l'on trouve plus
beau que sa moitié. On n'a d'yeux que pour cette personne, que
l'on trouve magnifique et qui rend nos jours tous plus beaux les
uns que les autres.

———————

Chaque jour je remercie les étoiles pour chaque moment passé
avec toi.

———————

Ça devient vraiment agaçant de faire des cauchemars la nuit,

dormir devient moins agréable qu'être éveillée,

mes rêves sont horribles par rapport à la réalité,

car tu me fais vivre un vrai conte de fées,

c'est encore mieux qu'un rêve éveillé !

Je t'aime, merci de faire partie de ma vie.

———————

Aujourd'hui c'est grâce à toi que je souris,

Tu as redonné un sens à ma vie.

———————

En te trouvant, j'ai trouvé mon autre moitié

J'ai trouvé la partie de moi qu'il me manquait.

———————

Comment pouvait-on mieux commencer l'année qu'en étant

fou amoureux ?

Car en ce début d'année, mon cœur ne bat que pour un seul

homme, mes pensées ne vont qu'à un seul homme, je

n'appartiens qu'à un seul homme... Et l'avis de cet homme est

le plus important !

———————

À chacun de tes baisers, tes lèvres me réchauffent le cœur,

c'est à mes yeux toi qui as le plus de valeur.

———————

Tourner la tête pour regarder la personne que l'on aime et se rendre compte que cette personne nous regarde, procure une sensation indescriptible, mais vraiment très agréable !

———————

Ce sourire je te le dois, à toi qui fais battre mon cœur.

À toi qui as séché mes pleurs.

À toi qui m'as fait découvrir l'amour,

à toi avec qui j'espère finir mes jours.

Mon cœur s'emballe rien qu'en pensant à toi.

Et chaque SMS de toi me remplit de joie.

Même si je ne suis pas jolie, tu as su m'aimer.

Même si je suis parfois chiante, parano, jalouse, possessive, tu arrives à me supporter.

Merci infiniment pour tout ça.

Merci d'être toi.

———————

Lorsqu'il m'étreint et que sa peau nue touche la mienne, je ressens une chaleur intense et un bien-être immense.

Ne me lâche pas la main surtout...

Sans toi, je ne pourrai plus avancer,

Si tu me lâches la main, je tomberai...

Même les étoiles n'égalent pas la beauté de tes yeux.

Certaines femmes ont besoin d'un homme qui prouve qu'il est

vraiment amoureux.

Un homme qui crierait sur tous les toits qu'il est amoureux de

la plus belle femme du monde, celle qui se lève tous les matins

à ses côtés, qui n'est peut-être pas mannequin, mais que lui

trouve plus jolie que n'importe quelle autre femme. Un homme

qui ne dit pas cela juste pour être gentil, mais bel et bien parce

qu'il le pense.

Un homme qui n'a d'yeux que pour elle, qui ne regarde pas les

autres femmes, qui sait se contenter de voir le corps nu de la

femme qui l'aime uniquement...

Un homme qui se moque de ce que les autres peuvent bien

penser du moment qu'il rend la femme de sa vie heureuse.

Certains ont l'amour et d'autres sont obligés de rabaisser les autres pour se sentir exister...

———————

Quand je suis à tes côtés, plus rien ne peut m'atteindre, je suis la femme la plus heureuse du monde et rien ne pourra changer ça tant que tu resteras près de moi.

———————

Il y a des filles qui sont « obligées » de modifier leurs photos pour être jolie, et il y a des filles que l'amour rend naturellement belles.

———————

Tu as été mon coup de cœur, je t'aime pour ce que tu as fait de ma vie, tu l'as embellie.

———————

Tu as une façon de me dire « je t'aime » qui me donne l'agréable sensation que rien n'existe autour de nous, que nous sommes seul au monde. Juste toi et moi, dans notre monde à nous où l'amour est roi, et où abuser de câlins et de baisers est loi.

———————

Tes lèvres sont la gourmandise que je préfère.

« Les paroles s'envolent, mais les écrits restent », c'est ce que l'on dit.

J'ai donc décidé de prendre ma plume et de poser sur papier, la preuve d'une infime partie des sentiments que tu me fais éprouver.

J'espère ainsi te combler et te faire comprendre que tu es vraiment l'homme de ma vie.

Je pensais savoir ce qu'était l'amour, mais je me trompais.

Tu es arrivé dans ma vie et m'as fait découvrir ce qu'aimer signifiait.

Les sentiments que j'ai à ton égard sont vraiment « puissants », jamais je n'aurais pu croire qu'il était possible d'aimer autant.

Tu m'es vite devenu aussi indispensable que l'air que je respire,

tes baisers, tes caresses... aussi vitaux que de me nourrir.

J'ai cette sensation d'être limite invincible quand je suis dans tes bras.

Tes étreintes me transportent dans un monde où le malheur n'existe pas.

Où les anges m'envient d'être dans un monde encore plus

merveilleux que le paradis.

Ton sourire est la lumière qui me guide dans l'obscurité de ma vie.

Je surmonterais tous les obstacles, rien ne pourra m'empêcher de t'aimer.

Je ferais tout ce que je peux pour te garder à mes côtés.

Tu me donnes cette sensation de ne pas exister pour rien.

J'aime avoir l'impression que tu veilles sur moi, tel un ange gardien.

Tu es tellement exceptionnel et même si tu n'es pas parfait, tu es tout ce que j'ai et tout ce dont j'ai toujours rêvé.

Malheureusement à cause de mes bêtises trop fréquentes, la peur de te perdre est douloureuse et très présente.

Je pense et j'espère vraiment que tu es l'homme de ma vie, celui qui veillera sur moi, qui sera le gardien de toutes mes nuits.

———————

Les âmes sœurs peuvent être le seul amour de toute une vie.

———————

Quand une femme est amoureuse, elle n'a d'yeux que pour celui qu'elle aime.

———————

Lorsque je suis avec toi, mon cœur brûle d'amour et la vie semble belle et douce, mais les jours passent tellement vite que je voudrais pouvoir arrêter le temps et rester là, blottie dans tes bras, pour toujours.

———————

Je veux te prendre dans mes bras, te serrer et ne plus jamais avoir à te lâcher...
Malheureusement il faut se quitter chaque fin de week-end, à chaque fois c'est une douleur intense !
Et même si, à chaque fois que l'on se retrouve, c'est un bonheur immense,
ce bien-être n'est que de courte durée, car dès que l'on est ensemble il faut déjà se séparer.

———————

Avant, je ne voulais pas d'enfant. Je disais à qui voulait bien l'entendre que les enfants sont « chiants », que je n'aimais pas ça. Mais finalement, j'ai trouvé un homme avec lequel fonder une famille, dans le futur, est devenu évident.

———————

Tu es ma bouffée d'air frais.

Tu es la lumière qui m'éclaire dans l'obscurité.

Tu me fais rêver, tu me fais vibrer,

tu me fais tout simplement exister.

Tu es un homme magnifique et tellement merveilleux,

que je pourrais te regarder pendant des heures sans me lasser.

Je voudrais me noyer dans le bleu profond de tes yeux,

et par tes baisers, être ranimée.

De ta présence je ne peux plus me passer.

Je suis accro à toi.

Ton sourire m'a envoutée.

Je ne peux pas rester longtemps loin de toi.

Tu es mon rayon de soleil,

ma petite merveille.

Tu es tout ce que j'ai,

je ferais tout pour te protéger !

_____

Ton torse est mon oreiller préféré.

_____

Il n'y est de meilleur moment que celui où je me retrouve enfin dans ses bras, après plusieurs jours d'attente insupportable, sans ses bisous, ses câlins, ses caresses... Quand enfin, il me serre à nouveau dans ses bras, je renais, la vie me parait tout à coup être si belle et si douce.

———————

Je crois en lui, je crois en nous.
C'est la seule chose qui compte vraiment !
Je respire pour son bonheur, je vis pour son cœur.

———————

Être dans les bras l'un de l'autre sans arrêt,
passer tout notre temps à se câliner
Tout simplement s'aimer...
Ça rend heureuse d'être à ses côtés.

———————

La raison pour laquelle j'aime c'est toi,
Alors j'ai mis un peu de cet amour dans mes écrits en espérant
que cela t'atteindra.

———————

Lorsque tu es près de moi, tu me protèges de tous ces cauchemars. Je ne les crains pas... Ils se transforment en rêves, tous plus merveilleux les uns que les autres.

Si je pouvais faire juste un souhait,
ce serait de me réveiller tous les jours à tes côtés,
avec la chaleur de ton souffle dans mon cou,
avec la douceur de tes bisous.

Tel un soleil dans mon ciel, je suis dans l'ombre quand tu n'es pas là.

Mon amour pour toi,
toujours brillera, jamais ne faiblira.
Mon cœur éternellement sera tien,
même lorsque je serai loin.
Tu es le seul que j'ai ainsi aimé,
d'un amour si puissant que rien ne peut correctement l'exprimer.

Un petit regard, un sourire de temps en temps, lui faire des petites caresses sur la main, sur l'épaule, dans le dos, l'embrasser et lui faire des câlins par surprise, toutes ces petites choses qui ne coûtent rien, mais qui peuvent faire complètement craquer une fille et la faire devenir accro à un homme.

———

Il n'y a que dans tes bras que je dors bien, il n'y a qu'avec toi que les cauchemars se transforment en doux rêves. Il n'y a qu'avec tes caresses qu'il est agréable de se réveiller le matin.

———

Même si mon amour pour toi me tue à petit feu, je n'arrive pas à arrêter de t'aimer.

———

Ma tête me dit qu'il faudrait que j'arrive à me détacher de lui, mais mon cœur tombe encore plus amoureux à chaque moment passé en sa compagnie.

———

Chaque jour passé avec toi me donne l'impression d'être au Paradis.

Je ne sais pas vraiment comment te dire à quel point je t'aime.

Depuis que je suis avec toi, ma vie n'est plus la même.

Rien au monde ne peut égaler l'amour que j'ai pour toi et cet amour ne cesse de grandir.

Aucun mot, aucune expression ne peut exprimer la force de mes sentiments.

Je suis incapable de t'expliquer la puissance de ce que je ressens.

C'est tellement fort, tellement exceptionnel que c'est impossible à définir.

Avoir à peu près la même vision de l'amour dans un couple c'est très important, ça évite les déceptions et les blessures inutiles.

Un coucher de soleil c'est somptueux, mais c'est encore mieux lorsqu'on le regarde à deux.

Tu es ce que j'ai de meilleur,

tu es celui qui fait battre mon cœur.

Tu as changé ma vision de l'amour,

tu me rends plus heureuse chaque jour.

Te perdre est ma plus grande peur,

et rien que l'idée me brise le cœur.

———————

Lorsque je me sens mal, triste ou déprimé, seul le fait que tu

me prennes dans tes bras peut me réconforter.

———————

Même l'endroit le plus banal devient merveilleux lorsque je

suis avec toi.

———————

On ne se rend compte de la chance que l'on a d'être aimé que

lorsque l'on perd cet amour…

———————

Aimer sans être aimé en retour procure une douleur intense,

aimer et être aimé en retour procure un bien-être immense.

Aimer est douloureux,

être aimé est merveilleux !

Notre rencontre a illuminé ma vie,
grâce à toi mes jours se sont embellis.
Tu as réussi à chasser tous mes maux,
grâce à toi mon cœur bat de nouveau.

Lorsque tu me serres dans tes bras,
plus rien ne compte à part toi et moi.
Et quand tu souris,
j'ai l'impression d'être au paradis.

À chaque fois que nos lèvres s'effleurent,
c'est un pur moment de bonheur.
Et même si parfois je ne le montre pas,
sache que je tiens vraiment à toi.

Je voudrais passer tout mon temps avec toi,
Car ta simple présence m'emplit de joie.
Je ne sais pas si je suis amoureuse,
mais en tout cas, tu me rends heureuse.

J'aime cette impression de « soulagement » que l'on a quand on fait un cauchemar et qu'en se réveillant la personne qu'on aime le plus au monde nous prend dans ses bras.

———————

T'as mon cœur entre les mains, désormais il t'appartient, donc ne me le rends jamais et s'il te plait prends en soin.

———————

Peu importe la pluie qui tombe,
peu importe le reste du monde,
si je suis avec toi, je ne peux être qu'heureuse.

———————

Ce que l'on vit est indescriptible. Lorsque l'on se regarde, on fait passer tellement de sentiments et d'émotions, notre complicité saute aux yeux de tous ceux que l'on croise et pour certains nous sommes un « idéal de couple »… Aucun mot n'est assez fort pour décrire ce que l'on vit.

———————

Je préfère être là avec toi, plutôt que n'importe où dans le monde sans toi.

———————

Être avec la personne qu'on aime nous fait oublier les embrouilles, les soucis de la vie quotidienne ainsi que les « cons ». Ça nous fait nous sentir bien et nous rend tout simplement heureux...

Je t'aime mon ange, merci de rendre mes jours si doux et mes nuits si belles.

———————

Chaque jour avec toi est encore plus beau que le précédent. Et même si un jour on n'est plus ensemble, sache que je t'aimerai éternellement.

———————

Tu as un petit truc apaisant au fond de toi qui fait que je me sens rassurée et que j'ai cette sensation de bien-être lorsque je suis dans tes bras et que tu m'étreins.

———————

Rien qu'à l'idée de le quitter ce soir, j'ai une boule à l'estomac. Je n'ai pas envie de partir, je veux rester dans ses bras... Me réveiller à ses côtés, avec des câlins et des bisous. Voir son magnifique visage et entendre ses mots doux.

———————

Tu es mon premier amour et j'espère que tu seras le seul.

Je te remercie d'être à mes côtés

et de réussir chaque jour à me supporter.

Tu es le soleil de mes jours,

mon rêve est d'être avec toi pour toujours.

Une journée parfaite c'est passer la journée à flemmarder dans le lit aux côtés de la personne qu'on aime, passer la journée à se faire des bisous et des câlins devant des programmes plus ou moins intéressants… C'est vraiment merveilleux d'aimer, mais encore plus de se sentir aimé.

Peu importe ce que les autres pensent de lui, de moi, de nous, de notre histoire… Ce ne sont pas leurs affaires. Il vaut mieux les laisser parler. Et si ça nous va comme ça et qu'on est heureux ensemble, ça vaut le coup.

Jour et nuit, je pense à lui.

Il est le rayon de soleil qui illumine mes journées de pluie…

————

Faire quelque chose de désagréable m'importe peu, car avec toi je me sens forcément bien.

————

Se sentir mal quand l'autre va mal.

Souffrir quand l'autre souffre.

Être heureux pour le moindre sourire.

Se réjouir du bonheur de l'autre.

C'est quand on ressent et partage les joies et les peines d'une personne qu'on peut dire que l'on tient vraiment à elle.

————

Ce qui nous attend est inconnu, mais je n'ai pas peur du moment que je suis avec toi.

————

Je voulais juste que tu me prouves que tu m'aimes, j'aurais aimé que tu aies peur de me perdre.

J'aurais aimé être indispensable dans ta vie comme tu l'es dans la mienne.

————

Être au creux de tes bras me procure une sensation de sécurité et de bien-être très agréable.

―――――――

Il est difficile de donner conseil à des personnes qui ont des soucis dans leur couple. Car la vision du couple, selon les personnes, n'est pas forcément la même.

Il y a des personnes qui auront besoin d'espace, de liberté, d'être un peu « tranquille » de temps en temps, qui seront vite étouffées par l'amour de l'autre si les preuves d'amour sont trop fréquentes et trop présentes. En revanche, d'autres auront besoin de preuves d'amour, de passer beaucoup de temps avec la personne aimée, qui supporteront difficilement l'absence de l'autre même si ce n'est que quelques jours, qui auront souvent cette sensation d'être délaissé par l'autre quand la routine s'installera, etc. On n'a pas tous la même vision de l'amour, certains sont fidèles et considèrent la tromperie comme un acte impardonnable, et d'autres sont libérés et permettent des tromperies multiples, etc.

―――――――

Toutes les peurs ne sont rien comparées à la peur de perdre l'être aimé.

———————

Quand je suis avec lui, j'ai cette sensation de bien-être. J'ai cette certitude que je n'ai besoin de rien d'autre que sa présence à mes côtés pour être heureuse.

———————

J'ai envie de toi,
de te sentir tout contre moi.
De sentir la chaleur de ta peau nue contre la mienne,
que tu sois mien et que tu me fasses tienne.
Que nos cœurs battent à l'unisson,
qu'ensemble, de plaisir nous frissonnions.

———————

Lorsque je suis tout contre toi, la tête posée sur ton torse nu, il n'y a rien que je ne donnerais pas pour qu'à ce moment le temps s'arrête et que l'on reste ainsi pour toujours.

———————

Il n'y a pas dans le monde d'endroit où je suis plus heureuse que dans tes bras.

———————

Être à tes côtés chaque jour me rend heureuse,
Grâce à toi et à tout ce que tu m'apportes, ma vie est
merveilleuse.
Un sourire, un baiser et tous mes soucis se sont envolés.
Une étreinte, une caresse et me voici sereine et apaisée.

———————

Il n'y a qu'avec toi que je dors bien. Avec toi je n'ai aucun mal
à m'endormir, je dors d'un sommeil profond et sans me
réveiller toutes les heures...

———————

T'avoir à mes côtés rend mes jours tous plus beaux les uns que
les autres.

———————

Je ne suis pas parfaite, j'ai énormément de défauts.
Je suis jalouse, possessive, un peu « parano »...
La liste est trop longue pour tous les citer.
Mais je t'aime bien plus qu'aucune fille ne pourra t'aimer !

———————

Me réveiller à tes côtés après un cauchemar est vraiment très réconfortant... Ta présence et tes bras m'apaisent et me rassurent.

Lorsque je te regarde, j'ai envie de t'embrasser, de me blottir dans tes bras et que tu ne me lâches plus jamais.

Mon amour, nous sommes ensemble depuis cinq ans aujourd'hui.
Je ne peux pas te promettre un amour infini :
mais tant que tu m'aimeras et que tu voudras de moi,
je t'aimerai et je resterai auprès de toi.
J'espère que l'on ne se séparera jamais,
car je ne vois pas ma vie sans toi à mes côtés.
Je veux que l'on vive ensemble jusqu'à la fin de notre vie,
que l'on continue d'être heureux et amoureux,
que l'on fonde une famille et que l'on se marie.
Et bien évidemment, je veux continuer d'avoir l'impression
d'être la plus belle femme à tes yeux.

Ces deux êtres sont liés par un amour si fort et si pur que rien
ne peut les détourner l'un de l'autre...

Rien que l'idée de te perdre me fait peur.
Et même si parfois tu es responsable de mes pleurs,
tu es également le seul qui arrive à les sécher.
Dans tes bras, je me sens en sécurité, calme et apaisée.
Je t'aime à un point inimaginable,
et c'est pour cela que ta perte serait insurmontable.

Quand tu t'approches de moi et que tes lèvres sont proches des
miennes, mais que tu ne m'embrasses pas, c'est un véritable
supplice... L'envie de t'embrasser est tellement forte qu'il
m'est presque impossible d'y résister.

J'ai envie que tu me serres dans tes bras,
de sentir ton corps tout contre moi.
Frissonner sous tes caresses et tes bisous,
Sentir la chaleur de ton souffle dans mon cou.

C'est parfois dans les plus petites attentions que sont cachés les plus grands sentiments.

Lorsque tu me renverses tendrement sur le lit, laissant glisser ta main doucement dans mon dos, m'embrassant langoureusement, me caressant sensuellement, mon cœur s'emballe et ma respiration s'accélère. Mon corps entier réclame le tien, le désire, l'appelle, ne souhaitant qu'une chose, que tu t'abandonnes en lui.

Quand tu me prends dans tes bras, je me sens apaisée et heureuse.

Si je venais à te perdre, je ne sais pas ce que je deviendrais.
Rien que l'idée de vivre sans toi me fait mal et m'effraie...
En fait, je n'arrive même pas à imaginer ma vie sans toi.
Tu es tout ce que j'ai et le seul que je veux auprès de moi.

Une heure dans tes bras me parait être une seconde,
une journée loin de toi et c'est la fin de mon monde.

———————

Je voudrais juste que tu m'aimes toujours autant que tu avais l'air de m'aimer au début... Que tes sentiments restent aussi forts, que ton comportement reste aussi doux et romantique. Que tu restes celui dont je suis tombée amoureuse, tout simplement.

———————

Quand je suis dans tes bras, plus rien ne compte à part le moment présent.
Je ne pense à rien d'autre qu'à profiter du bien-être que je ressens à cet instant.

———————

Tu es cette personne qui me procure un bonheur immense, sans laquelle je ne peux vivre.
Tu es cette personne qui me donne envie de me lever le matin, qui me donne envie de me battre, de rester en vie.
Tu es cette personne qui me fait ressentir plein de sentiments plus ou moins agréables.
Tu es cette personne que j'aime plus que tout et avec laquelle je veux partager le reste de ma vie.

———————

Une fille amoureuse peut parfois défendre la personne qu'elle aime envers et contre tous même si cette personne la blesse sans arrêt.

———————

Peu importe le physique, l'argent, etc, la chose la plus importante et la plus belle que quelqu'un puisse vous apporter est l'amour, le véritable amour. Être aimé est sans aucun doute la meilleure chose au monde !

———————

Chaque moment passé à tes côtés est encore plus merveilleux que le précédent...

———————

Me réveiller à tes côtés,
dans la chaleur de tes bras,
avec tes caresses, tes câlins et tes baisers,
et sentir ta peau douce tout contre moi
me fait commencer la journée tout en douceur,
me rend heureuse et me met de bonne humeur.

———————

Rien ne vaut le bonheur de passer du temps avec la personne
que l'on aime.

———————

Quand on passe des moments exceptionnels avec la personne
que l'on aime, il est encore plus douloureux de devoir se
quitter.

———————

À chacun de tes sourires, je tombe un peu plus amoureuse de
toi.

———————

Sentir ton corps brûlant sur le mien me fait frissonner et me
procure une sensation agréable, enivrante et exceptionnelle.

———————

Avoir la tête posée sur ton torse nu et écouter les battements de
ton cœur
m'apaise et me fait oublier mes doutes et mes peurs.
Je me sens si bien là, tout contre toi, ainsi posée,
Que je voudrais y rester à jamais !

———————

Les meilleures douches sont celles que l'on prend avec la
personne que l'on aime.

Toi et moi,
on ne sait pas combien de temps cela durera.
On ne peut pas être sûr que l'on s'aimera pour toujours.
On ne peut pas savoir si rien ne brisera notre amour.
Mais on peut vivre et profiter de l'instant présent.
On peut s'aimer « à fond » et se moquer de l'avis des gens.

Lorsque tu me regardes tendrement et me serres doucement
dans tes bras, ça me donne l'impression d'être le plus
merveilleux des trésors.

T'avoir à mes côtés,
fait de ma vie un rêve éveillé.
Me réveiller dans tes bras
me comble de joie.
C'est avec toi que j'ai découvert l'amour,
et c'est avec toi que je veux finir mes jours.

J'aurais voulu te manquer,

j'aurais aimé que tu fasses tout pour me garder.

Je voulais juste que tu me prouves ton amour,

j'aurais aimé être celle aux côtés de laquelle tu veux te réveiller

chaque jour.

Après avoir passé beaucoup de temps ensemble, c'est encore

plus dur de se séparer, on a l'impression de ne jamais en avoir

assez profité.

Ensemble nous passons de super bons moments,

Des moments tendres, des moments d'amusement.

Nous avons aussi nos petits moments « tranquilles » chacun de

notre côté.

Je t'aime et j'adore tous ces petits moments si parfaits.

Mais tout cela fait que c'est encore plus dur de se « séparer »,

je voudrais que l'on ne se quitte plus jamais.

Croire en la personne que l'on aime, l'encourager et la soutenir dans ses projets sont des preuves d'amour très importantes et qui comptent beaucoup surtout si la personne n'a pas confiance en elle.

———————

La chaleur de tes bras qui me serrent, la douceur de ta peau contre la mienne, la tendresse des baisers que tu me fais... Toutes ces choses sans lesquelles je ne peux plus vivre et sans lesquelles il m'est devenu impossible de m'endormir.

———————

Je ne dirais pas que tu es mon « tout », car tu es bien plus que ça, il n'y a pas de mots assez forts pour décrire ce que tu représentes pour moi...

———————

Ta peau est un peu comme une drogue, je n'arrive pas à m'en passer, je veux la toucher, la caresser toujours plus... Je n'arrive pas à m'endormir sans sa chaleur, sans sa douceur... Je crois que je suis totalement accro.

———————

Quand ça ne va pas, que je me sens triste et déprimée,

j'ai uniquement besoin que tu me serres dans tes bras pour ne

plus y penser.

———————

Rien n'est plus agréable que d'être collé à toi, de respirer ton

odeur,

avoir la tête posée sur ton torse et écouter battre ton cœur.

———————

Profitez pleinement de chaque instant passé avec les personnes

que vous aimez, car vous ne savez pas dans combien de temps

vous pourrez de nouveau passer du temps avec ces personnes

ni même si vous en aurez l'occasion...

———————

Rester auprès de toi suffit à soulager mes maux.

Tu es sans aucun doute ce que j'ai de plus beau.

T'avoir à mes côtés embellit ma vie,

dormir avec toi apaise mes nuits.

———————

J'aimerais être le rayon de soleil qui chasse la pluie et réussir à lui rendre le sourire quand il est triste, comme lui arrive à le faire avec moi.

Même si parfois l'amour peut ressembler à l'enfer, même si notre cœur a été brisé, même si l'on ne croit plus en l'amour, on peut avoir la chance de rencontrer la personne qui recollera les morceaux avec une étreinte et nous fera vivre le paradis en nous aimant d'un amour si puissant qu'on n'aura pas d'autre choix que d'y croire à nouveau...

Mon amour est tel qu'il n'y a plus de mots pour en décrire la force.
Jour après jour, année après année tu me fais vivre un rêve éveillé, tu fais de ma vie un véritable conte de fées !
Je suis tellement bien en ta présence, j'ai envie de crier au monde entier à quel point je t'aime et à quel point tu me rends heureuse !

Rien ne peut égaler le bonheur et le réconfort que je ressens lorsque tu me serres dans tes bras.

———————

Garder quelque chose sur le cœur lorsqu'on est en couple nous empêche de profiter pleinement de l'être aimé et d'être heureux.

———————

T'entendre me dire « je suis amoureux de toi » fait battre mon cœur très fort, me fait me sentir bien, me rend heureuse et encore plus amoureuse.

———————

J'ai envie de pleurer,
serre-moi dans tes bras pour me consoler.
Ne me demande pas pourquoi je pleure,
laisse-moi juste ainsi soulager ma douleur.

———————

Tu es sans aucun doute, une des plus belles choses qui me soient arrivées,
depuis que je te connais, ma vie a changé.
Lorsque tu souris, mon cœur s'emplit de joie
Je suis vraiment heureuse de t'avoir près de moi.

Le Manque

On dit que quand on aime on ne compte pas, pourtant je
compte chaque seconde passée loin de toi.

Le manque de toi est une torture, même si on n'est pas séparé
longtemps.
Ça commence dès les premières secondes, et ça va en
s'intensifiant.
J'ai l'impression que c'est de plus en plus difficile à supporter.
Quand on est ensemble, le temps passe à une vitesse affolante.
Alors que lorsque je suis sans toi le temps semble stagner.
Chaque seconde se fait longue, lourde et « blessante ».
Je t'aime peut-être trop… Peut-être que mes sentiments sont
trop « purs ».
Être séparée de toi se fait, chaque fois, un peu plus dur.

Le manque peut aussi être une douleur physique lorsqu'il est trop intense.

Tu me manques à un point inimaginable.

Chaque seconde passée loin de toi m'est insupportable.

Je me languis de tes bras.

J'ai envie de me blottir contre toi.

Mes lèvres réclament tes baisers.

Mon corps meurt d'envie d'être caressé.

Mon cœur ne peut battre correctement sans les battements du tien.

J'ai besoin de toi à mes côtés pour me sentir bien.

Le manque se fait encore plus intense quand vient l'heure de se coucher sans la personne qu'on aime…

Même si le soleil brille dehors, dans mon cœur il fait sombre et la pluie tombe quand tu n'es pas près de moi...

Comme il m'est difficile de trouver le sommeil lorsque tes mains ne sont pas sur mes hanches, lorsque je ne sens pas la chaleur de ton souffle sur ma nuque. La nuit me parait effrayante quand je ne suis pas dans tes bras. Ma chambre est envahie par un silence trop pesant sans la mélodie des battements de ton cœur.

Comme il m'est difficile de me lever le matin sans avoir tes caresses pour me réveiller dans la douceur, sans entendre le son de ta voix me murmurer des mots doux.

Comme il devient compliqué de vivre en ton absence les minutes paraissent être une éternité et l'ennui est devenu tellement dur à supporter, tu hantes mes pensées jour et nuit…

J'aimerais partager chaque seconde de ma vie avec toi…

Le froid que ton absence laisse dans mon cœur,
transforme chaque seconde en heure,
emplit mes jours comme mes nuits de douleur.
Et rien ne semble pouvoir adoucir mon malheur.

Penser à la même personne chaque seconde, se demander si cette personne pense à nous parfois, perdre l'appétit, avoir du mal à s'endormir et une fois endormi, avoir le sommeil agité et se réveiller maintes et maintes fois. Se sentir mal, barbouillé, déprimé. Vouloir lui envoyer « Tu me manques », mais ne pas oser de peur de déranger, de peur de l'étouffer.

———————

Il y a ceux qui te manquent quelquefois et il y a celui qui te manque dès qu'il n'est plus près de toi.

———————

Tes étreintes me manquent, tes caresses sensuelles, douces, voluptueuses et exaltantes me manquent. Tes baisers brûlants, suaves et passionnés me manquent.
M'endormir est devenu compliqué, quand je ne perçois pas les battements de ton cœur, quand je ne ressens pas la chaleur de ta peau nue contre la mienne… M'endormir sans toi est difficile.

———————

Un endroit paradisiaque est semblable à l'enfer si tu n'y es pas.

———————

Le manque de toi m'étouffe,

le manque de toi me bouffe...

Mon cœur me fait tellement souffrir,

que j'ai l'impression que je vais mourir.

Je me sens oppressée, j'ai du mal à respirer.

Je ne peux empêcher mes larmes de couler.

Passer du temps sans toi est vraiment désagréable,

à la limite du supportable.

Mais savoir que tu penses à moi

m'apporte un peu de réconfort parfois.

Essayer de s'endormir loin l'un de l'autre c'est insupportable et bien compliqué quand on est amoureux...

Quand je ne suis pas avec toi, je me rends malade... Je ne le fais pas exprès et, crois-moi, j'aimerais ne pas être comme ça. Je fais de la fièvre, je me sens mal, je dors peu, je mange peu, etc.

Je n'ai pas la force d'être loin de toi, c'en est presque pitoyable ! Est-ce que c'est ça l'amour ? Se sentir mal quand on est loin de celui qu'on aime.

J'ai envie d'être dans tes bras,

j'ai froid sans toi.

J'ai envie d'entendre ta voix,

je m'ennuie de toi.

J'ai envie de tes baisers, de tes caresses,

j'ai besoin de cette tendresse !

———————

C'est dur d'être amoureuse au point d'avoir du mal à respirer

quand on n'est pas aux côtés de la personne qu'on aime...

———————

Tu me manques, sans toi je me sens mal, j'ai envie de pleurer,

je fais de la fièvre et je déprime à moitié.

Je suis avec toi du jeudi au lundi soir,

et je passe le reste du temps à attendre impatiemment de te

revoir.

Ne serait-ce qu'une heure ou deux, pour profiter un peu de toi,

avoir des bisous, des câlins, te sentir tout contre moi...

Plus on approche de jeudi plus les minutes me paraissent être

une éternité.

Alors que quand je suis avec toi on ne voit pas le temps passer.

―――――――

J'ai l'impression de n'être que l'ombre de moi-même quand je
ne suis pas avec celui que j'aime.

―――――――

J'ai envie de te dire que tu me manques déjà,
mais par fierté je ne le ferai pas.
J'aimerais que ce soit toi qui le dises pour une fois.
J'aimerais te manquer et que tu penses à moi.
Si seulement tu pouvais ressentir le même manque que celui
que je ressens.
Si seulement tu pouvais m'aimer comme moi je t'aime,
éperdument...

―――――――

Tu me manques, j'ai envie de tes bisous et de tes câlins,
vivement demain que tu me prennes dans tes bras !
J'ai l'impression que ça fait une éternité que tes lèvres et les
miennes ne se sont pas touchées...
Une éternité, que ta peau et la mienne ne se sont pas effleurées.

―――――――

Prolonger les « au revoir » ne fait qu'accentuer la douleur de la séparation et l'intensité du manque.

———————

Le cœur lourd, les larmes aux yeux,
c'est ça le manque, c'est ça être amoureux.
Le manque d'appétit, l'estomac noué,
c'est ça la dépendance, c'est ça d'être séparé.
Les difficultés à s'endormir, le réveil groggy,
c'est ça essayer de dormir sans l'homme de sa vie.

———————

La douleur provoquée par ton absence est indéfinissable tant elle est forte...

———————

D'habitude quand je sors, ça me permet de me changer les idées, de penser à autre chose, mais pas cette fois... Cette fois je n'étais pas vraiment là, j'étais présente physiquement, mais mon esprit était ailleurs. Je n'ai pas pu m'empêcher de penser à toi, au fait que tu me manques énormément et à la nuit horrible que j'ai passée sans toi...

———————

Quand on n'est pas aux côtés de la personne qu'on aime, on a encore plus envie d'être dans ses bras !

———————

Tu me manques déjà, mais je ne veux pas te le dire, je veux te manquer, je veux que tu me dises que je te manque parce que c'est le cas et non parce que tu te sens obligé de répondre à mon « tu me manques »...

———————

Une fois de plus, c'est le cœur plein de mélancolie que je t'ai regardé partir hier soir dans la pénombre... À peine nous sommes-nous quittés, que le manque de toi me fait déprimer. Le cœur lourd, l'estomac noué... c'est dans un état second que j'errerais ces deux prochains jours. Ton absence m'est de plus en plus insurmontable…
Le manque de la personne qu'on aime est vraiment quelque chose d'insupportable.
Et même si cela signifie que les sentiments que l'on a envers cette personne sont toujours les mêmes, le manque est vraiment une douleur atroce.

———————

Je donnerais tout ce que j'ai pour que tu viennes m'enlacer,
m'embrasser, me réconforter...
Il n'y a rien que je ne donnerais pas pour pouvoir, en ce
moment même, être dans tes bras.

———————

Quand on est amoureux, à peine a-t-on quitté l'être aimé, qu'on
se languit déjà de le retrouver…

———————

Passer la soirée et une partie de la nuit avec mon doudou,
profiter de ta présence, de ta chaleur, de tes caresses et de tes
bisous.
Mais tout cela n'empêche pas que tu me manques déjà.
J'ai à nouveau envie d'être dans tes bras,
envie que tu me serres tout contre toi.
J'ai beau essayer de penser à autre chose, je n'y arrive pas...
Le manque de toi se fait de plus en plus difficile à supporter,
Je me sens mal après quelques heures seulement qu'on se soit
quitté.

———————

Sans toi mon cœur est meurtri, je dépéris.
Avec toi je revis et mon cœur guérit.

Je suis pressée d'enfin te revoir, j'aimerais que tu me serres fort dans tes bras, et que tu m'embrasses comme si ça faisait des mois que l'on ne s'est vu.

J'aimerais que tu viennes le plus tôt possible, que l'on passe une journée entière à se faire des bisous, des câlins et des papouilles comme au tout début...

Mais surtout ce que j'aimerais, c'est ne pas avoir à te le dire, que tu fasses tout cela de ta propre initiative.

Lorsque l'on est trop amoureux d'une personne, on se laisse « dépérir » en son absence, on n'a envie de rien, on a peu d'appétit, on dort très peu et très mal. On est de mauvaise humeur, etc.

Le manque d'une personne, tel un poison, nous tue à petit feu.

Le manque est une façon de se rendre compte et une preuve que l'on tient beaucoup à une personne.

Sans toi, dans mon cœur le tonnerre gronde.

Sans toi, mon monde s'effondre.

Sans toi, tout est ennuyant, je compte les heures.

Sans toi, rire est difficile, toutes les nuits je pleure.

Sans toi, tout est si silencieux, c'en est presque effrayant.

Sans toi, tout est triste, tout est différent.

Sans toi, mon cœur souffre, ma respiration s'arrête.

Sans toi, la vie m'est impossible, je ne peux pas être.

―――――――

M'endormir sans toi est vraiment compliqué,

et une fois endormi, je dors mal et je n'arrête pas de me
réveiller.

―――――――

Le temps passe trop lentement sans lui, son absence se fait plus
lourde chaque seconde…

―――――――

Chaque minute avec toi est un délice,

chaque jour sans toi est un supplice.

Plus approche le moment de se retrouver,

plus les minutes semblent durer une éternité.

Le manque c'est être vraiment fatigué au réveil, mais ne pas réussir à s'endormir la nuit parce qu'on n'est pas avec son chéri...

Sans toi je ne me sens pas bien,
j'ai l'impression d'être « vide ».
Lorsque de toi je suis loin,
je n'ai plus gout à rien, tout me semble insipide.

Me réveiller sans toi est pire qu'un cauchemar, je voudrais me rendormir pour rêver que tu es à mes côtés et ne plus jamais me réveiller.

Le manque d'une personne que l'on aime est difficile à vivre et à surmonter.
Continuer à vivre sans voir cette personne, sans lui parler, ne plus sentir sa présence est bien compliqué...

Tu me manques... Cette sensation est tellement horrible.

J'ai l'impression de ne jamais avoir faim, de ne jamais avoir sommeil, je me sens comme vide...

Comme si ton absence avait laissé un trou qui m'est impossible de combler.

Peu importe ce que je fais, je n'arrive pas à me concentrer, car tu hantes mes pensées.

———————

Je ne sais pas vraiment ce qui me fait le plus mal, le manque de toi et la douleur que ça engendre ou le fait d'avoir l'impression que ce n'est pas réciproque, que je ne te manque pas du tout.

———————

On s'est quitté hier et tu me manques déjà ! En fait non, tu as commencé à me manquer dès la seconde où tu es parti...

C'est dingue d'être autant dépendante de tes baisers, de tes câlins, de tes caresses, dépendante de toi tout simplement, du bien-être que me procure ta présence.

Ça me fait limite peur, car le jour où tu m'abandonneras, que deviendrais-je sans toi ?

———————

Le manque de toi semble rallonger les jours et m'empêche de dormir la nuit.

Je n'ai envie de rien, je suis grognon et je n'ai pas d'appétit.

Je passe mon temps à surveiller mes SMS, espérant en recevoir un de toi.

Je vis à moitié, je pense à toi sans arrêt et je me demande si toi, parfois, tu penses un peu à moi...

Remerciements :

Merci tout d'abord à Mathieu, mon pingouin, de m'avoir fait vivre un amour si fort qu'il m'a inspiré tout cela. Merci également pour tout le temps que tu me consacres, pour mon merveilleux site et pour mes sublimes couvertures !

Merci infiniment à Marianne, ton soutien m'apporte bien plus que tu ne peux le croire... Je ne te remercierai jamais assez...

Merci à Delphine, ma Kitty, d'avoir toujours cru en moi, même lorsque je doutais de tout.

Merci à tous ceux qui m'ont lu, me lisent ou me liront, à ceux qui me suivent depuis le début, mais également ceux qui me suivent depuis peu. Merci à celles et ceux qui me suivent jour après jour et qui me soutiennent en commentant, partageant ou aimant mes écrits, sans vous, j'aurais sûrement arrêté l'écriture…

Si vous avez aimé ce livre, pensez à laisser votre avis sur Amazon.

Retrouvez mes autres livres :

« *Ma plume écrit des maux d'amour* »

Un recueil de textes, phrases et poèmes sur les maux d'amour en autoédition sur Amazon.

« *Pensées diverses et variées* »

Un recueil de textes, phrases et poèmes sur différents sujets en autoédition sur Amazon.

Rejoignez-moi sur ma page Facebook :

https://www.facebook.com/AmySoftpaws/

Ou sur mon site internet :

https://www.amysoftpaws.fr/

L'Auteure

Née en 1992 à Orsay, Amy Softpaws écrit depuis son adolescence, mais ne montre que très rarement ses écrits aux autres par manque de confiance en elle. Finalement, poussée par son entourage et particulièrement, par une amie proche, elle décide de se laisser lire par un public plus large. De fil en aiguille, elle propose timidement son manuscrit à un éditeur et c'est ainsi que « L'amour et le manque deux sentiments étroitement liés » vit le jour.

Printed in Great Britain
by Amazon

66733637R00051